BEI GRIN MACHT SICH IHR WISSEN BEZAHLT

- Wir veröffentlichen Ihre Hausarbeit,
  Bachelor- und Masterarbeit

- Ihr eigenes eBook und Buch -
  weltweit in allen wichtigen Shops

- Verdienen Sie an jedem Verkauf

Jetzt bei www.GRIN.com hochladen und kostenlos publizieren

Bibliografische Information der Deutschen Nationalbibliothek:

Die Deutsche Bibliothek verzeichnet diese Publikation in der Deutschen National-
bibliografie; detaillierte bibliografische Daten sind im Internet über http://dnb.d-
nb.de/ abrufbar.

Impressum:

Copyright © 2008 GRIN Verlag, Open Publishing GmbH
Druck und Bindung: Books on Demand GmbH, Norderstedt Germany
ISBN: 978-3-668-15261-8

Dieses Buch bei GRIN:

http://www.grin.com/de/e-book/315491/systemtheorie-und-risikogesellschaft-ein-
vergleich-mit-perspektive-auf

Gerhard S. Müller

Systemtheorie und Risikogesellschaft. Ein Vergleich mit Perspektive auf ökologische Risiken

GRIN Verlag

GRIN - Your knowledge has value

Der GRIN Verlag publiziert seit 1998 wissenschaftliche Arbeiten von Studenten, Hochschullehrern und anderen Akademikern als eBook und gedrucktes Buch. Die Verlagswebsite www.grin.com ist die ideale Plattform zur Veröffentlichung von Hausarbeiten, Abschlussarbeiten, wissenschaftlichen Aufsätzen, Dissertationen und Fachbüchern.

Besuchen Sie uns im Internet:

http://www.grin.com/

http://www.facebook.com/grincom

http://www.twitter.com/grin_com

FernUniversität Hagen

MA Soziologie Qualifizierungspaket 2

Theorien und Theoriegeschichte der Soziologie

Hausarbeit

Systemtheorie und Risikogesell-schaft

- Ein Vergleich mit Perspektive auf öko-logische Risiken

Dipl.-Soz.Päd. (FH)

Gerhard S. Müller

SS 2008

Inhalt

1. Einleitung

Wissenschaft, Wirtschaft und Politik thematisieren seit längerer Zeit die Risiken der Moderne. Die negativen Auswirkungen der Zivilisationsrisiken, die eine in vielen Bereichen fortschreitende technische Entwicklung mit sich brachten. Eine Sichtweise richtet den Fokus auf örtlich begrenzte, gegebene und in natürlichen Katastrophen vorkommende ökologische Risiken. Ein anderer Fokus richtet sich auf die zunehmend als Bedrohung der menschlichen Gesellschaft und jedes Einzelnen wahrgenommenen ökologischen Risiken, die als Folgen der wissenschaftlich-technischen Weiterentwicklung auftreten. Im Unterschied zu ersteren Risiken sind diese, aus der Kombination von technischem Wissen und wirtschaftlicher Nutzenrechnung, von Menschen geschaffene Zivilisationsrisiken.

Diese Arbeit möchte die Perspektive auf die von Menschen gemachten ökologischen Risiken richten und diese in zwei soziologischen Theorien, der Systemtheorie von Niklas Luhmann und der Modernisierungstheorie der Risikogesellschaft von Ulrich Beck, analysieren. In den Kapiteln zwei und drei sollen die beiden Theorien beleuchtet und jeweils die relevanten Aussagen zu ökologischen Risiken herausgearbeitet werden. Dabei sollen insbesondere die gesellschaftlichen Bereiche Politik, Wirtschaft und Wissenschaft im Fokus stehen. In einem weiteren Schritt folgt die Gegenüberstellung der Aussagen, um Gemeinsamkeiten und Unterschiede zu verdeutlichen.

Die Begrifflichkeit der Ökologie ist nicht eindeutig definiert. Mit einem ersten Versuch einer Definition von HAECKEL (1868, 286) wird unter Oecologie, die gesamte Wissenschaft von Beziehungen des Organismus zur umgebenden Außenwelt bezeichnet. Daraus könnte sich als Definition für Ökologie in der Soziologie, die Lehre von Wechselbeziehung zwischen Mensch und seiner umgebenen Außenwelt oder als Interaktionen zwischen Gesellschaft/ Mensch zur Umwelt/Natur, ergeben

2. Ökologische Risiken: Die Perspektive von Niklas Luhmann

Luhmann entwickelte die Systemtheorie von der System-Umwelt-Perspektive weiter, zu einem System der selbstreferentiellen Geschlossenheit von Teilsystemen. Sie gilt heute als eine der bedeutsamsten Makrotheorien (vgl. Schimank 2007, 83). Der Grundgedanke der Systemtheorie ist die soziale Entwicklung der gesellschaftlichen Arbeitsteilung und die Ausdifferenzierung der Teilbereiche in der Gesellschaft. In diesen geschlossenen Systemen wird nach eigener Logik kommuniziert ohne direkten Bezug zu anderen Teilsystemen zu nehmen. Durch diese Ausdifferenzierung entstehen immer komplexere Formen des gesellschaftlichen Lebens, die für den Einzelnen nicht mehr zu erfassen sind. Die Ausbildung einer individuellen Identität wird erschwert oder geht verloren. Soziale Systeme haben die Aufgabe, diese Komplexität zu reduzieren und eine Identitätssicherung zu ermöglichen. Folglich haben die Systeme, bezogen auf ihre Umwelt, immer eine reduzierte Komplexität. Durch die Vereinfachung, also der Strukturbildung, werden viele Möglichkeiten ausgeschlossen. Deshalb kann eine Interaktion mit der Umwelt nicht mehr eins zu eins geschehen (vgl. Schimank 2000, 110-125). Die Kommunikation in den Teilsystemen folgt einer bestimmten Leitorientierung, die durch Codes festgelegt wird.

2.1 Risiken der speziellen Kommunikation

Teilsysteme grenzen sich von anderen Teilsystemen ab. Sie praktizieren eine spezielle Kommunikation, die letztendlich nur im eigenen Teilsystem verstanden wird. Die entsprechenden Leitwerte innerhalb eines Teilsystems bezeichnet Luhmann als binäre Codes. Diese sind im Wirtschaftssystem „zahlen" bzw. „nicht zahlen", in der Politik „Macht haben" oder „nicht haben" und in der Wissenschaft „wahr" oder „unwahr" von Erkenntnissen. Kommunikationsinputs in anderer Teilsysteme finden zwar statt, müssen aber in die teilsystemspezifische Sprache umcodiert werden, um verstanden bzw. verarbeitet werden zu können (vgl. Schimank 2000,133-141). Durch dieses Umcodieren jedes Geschehens in den systemeigenen Code, ist die Kommunikation zwischen den Teilsystemen von ungewolltem Unver-

2

ständnis geprägt. Ursprüngliche Intentionen oder Bedeutungshinter-
gründe der Kommunikation werden durch die Umcodierung verändert, bzw. verändert wahrgenommen. Das Wirtschaftsystem sieht bei
einem Flughafenausbau die steigende Zahlungsfähigkeit, die Politik
die Stärkung der Macht durch Wohlstand und die Wissenschaft Er-
kenntnisse zum steigenden Lärmpegel und bestimmen anhand diesen Codes die Handlungen ihrer jeweiligen Teilsysteme. Jedes
Teilsystem sieht seine „Wertesphäre"(Schimank 2000, 127) mit Ab-
solutheitsanspruch, das hat zur Folge, dass jedes gesellschaftliche
Ereignis, somit auch Risiken, mit den systemeigenen, durch Codes
festgelegten, Blickwinkel betrachtet werden. Dabei werden ökologische Risiken zum Teil sehr unterschiedlich oder sogar gegensätzlich
bewertet und dementsprechend in Handlung umgesetzt. Die spezielle Kommunikation mit binären Codes ist notwendig und dient der Auf-
rechterhaltung der Systemidentität und damit auch der Autopoiesis
des Systems. Autopoietisch, oder auch selbstreferentiell, bedeutet,
dass Systeme die Selbstherstellung beherrschen (vgl. Schimank
2007, 131). Innerhalb eines selbstreferentiellen Teilsystems sind Risiken Selbstläufer des Systems. Es findet keine Steuerung statt. Als
Folge der Gleichwertigkeit der Systeme, existiert kein Leitsystem und
damit kein System zur Steuerung. Die Gleichwertigkeit heißt aber
auch, dass kein System bei einem Ausfall ein Anderes ersetzen kann
(vgl. Luhmann 1990, 97).

Die genannten Defizite und die damit verbundenen Risiken, ergeben
sich aus der Struktur und der Differenzierung der Teilsysteme. Um
auf Risiken überhaupt reagieren, bzw. Veränderungen im System
hervorrufen zu können, benötigen Teilsysteme Resonanzfähigkeit.

2.2   Eingeschränkte Resonanzfähigkeit

Die verringerte Komplexität in Teilsystemen führt zu einem Verzicht
des eins-zu-eins- Bezugs mit der Umwelt. Durch die Codierung erfolgt eine Reduktion der Möglichkeiten von Resonanzen mit der Umwelt. Aus diesem Grund reagieren alle Teilsysteme nur selten auf

Umweltveränderungen mit Resonanz und damit mit Störung und Veränderung der Autopoiesis der speziellen Kommunikation.

Dies bedeutet, eine Resonanz aus der Umwelt ist nur möglich, wenn Codierungen passen, oder passend gemacht werden können (vgl. Luhmann 1990, 218-226). Die Reaktion auf das Rauschen der Umwelt erfolgt nicht in einem beschreibbaren Gesamtsystem, sondern jedes Teilsystem reagiert eigenständig auf die von ihm selektierten verarbeitbaren Informationen.

2.2.1 Wissenschaft

Der Wissenschaft geht es um die „Steigerung des Auflöse- und Rekombinationsvermögens, um eine Neuformierung des Wissens als Produkt von Analyse und Synthese"(Luhmann 1990, 157), nicht um die Restabilisierung gestörter Umweltzusammenhänge. Ökologische Probleme sind auch in der Wissenschaft nicht automatisch verortet. Wissenschaftliche Analyse bietet daher keine Lösung zum Umgang mit ökologischen Risiken. Sie ist in ihrer Autopoiesis gefangen und fragt bei Problemen, mit oder ohne Lösungsansätze, immer weiter und multipliziert damit die Probleme. Eine unüberschaubare Menge von Möglichkeiten, die zum Teil technisch machbar sind und andere die in Zukunft machbar sein werden. Die Entscheidung, „die Fähigkeit, technisch Mögliches abzulehnen, gewinnt in dieser Situation zunehmend an Bedeutung"(Luhmann 1990, 166). Die Wissenschaft überlässt die Entscheidung über die Trennung „Brauchbares von Unbrauchbarem", anderen Teilsystemen. Andere Teilsysteme richten sich nach dem eigenen Code und somit wird in der Wirtschaft unter den Kriterien der Rentabilität und in der Politik nach Opportunität gehandelt, mit der Konsequenz, reduzierter Möglichkeiten auf das „Rauschen der Umwelt" zu reagieren. Die Resonanzfähigkeit der Wissenschaft sollte daher nicht überschätzt werden (vgl. Luhmann 1990, 160).

Die Differenzierung der Wissenschaft in Disziplinen führt zur Aufgabe, „die Position von Wissen in Bezug zur Einheit des Systems zu bestimmen"(Luhmann 1990, 151). Deshalb gelingt es für jede wis-

4

senschaftliche Theorie eine Gegentheorie und für jedes Gutachten ein Gegengutachten zu erhalten. Die Wissenschaft trifft nicht die Entscheidung, welche Grenzwerte Gültigkeit erlangen.

In der funktional differenzierten Gesellschaft werden ökologische Schäden in der Regel nicht beim Verursacher offenbar. Das System könnte über Rückmeldungen und Kontrollfaktoren die Richtung seiner Autopoiesis korrigieren. Die Teilsysteme nehmen nur jeweils verschiedene Ausschnitte ihrer Umweltproblematik wahr und bearbeiten sie nach eigener Logik. Folgeprobleme, die nicht in ihren Relevanzbereich fallen, irritieren vielleicht, erzeugen aber nicht die notwendige Resonanz.

2.2.2 Wirtschaft

Der Code der Wirtschaft ist die Zahlungsfähigkeit. Das Wirtschaftssystem reagiert mit Resonanz nur auf das, was einen Preis hat. Sonst ist es für die Wirtschaft nicht existent (vgl. Schimank, 137). Die Gefahr, dass ökologisch vernünftige Handlungen preislich nicht immer kalkulierbar sind, ist offensichtlich. Die Lösung des ökologischen Problems nur über den Preis, ist nicht nur als Nachteil zu sehen, denn es garantiert auch eine Bearbeitung innerhalb des Wirtschaftssystems (vgl. Luhmann 1990,122).

Die Zeitperspektive und Zeithorizonte im Wirtschaftsystem sind anders, als die der ökologischen oder gesellschaftlichen Umwelt. Schon vor dreißig Jahren war bekannt, dass fossile Energieträger zu Ende gehen werden, doch erst jetzt wird es für die Wirtschaft interessant, in neue Energieträger zu investieren. (vgl. Luhmann 1990, 112) Diesen Zeitverlust beklagen Umweltforscher wie Ernst Ulrich von Weizsäcker und argumentieren ökonomisch:„Wenn wir heute handeln, wird es gute Ergebnisse zu geringen Kosten geben. Mit der Zeit wird es teurer und länger als 10 Jahren warten bedeutet, es wird entsetzlich teuer. Also aus rein ökonomischen Gründen, so früh wie möglich umsteuern" (ARD 17.06.08)

Alles wird durch den Preis geregelt! Die Quantifizierung von Umweltqualitäten reduziert Umwelt auf ihren Tauschwert. Dies ist zwar einerseits die Chance zur Bearbeitung im System, aber andererseits beinhaltete es die Gefahr, dass weit entfernte katastrophale Auswirkungen nicht wahrgenommen bzw. ökonomisch rational ignoriert werden. Die nicht Zurechnung von Schäden, bewirkt die Differenz von internen Vorteilen und externen Kosten (vgl. Luhmann 1990, 114f). Somit können Akteure durch den Kauf von ökologischen und nachhaltigen Gütern, eine Irritation des Wirtschaftssystems hervorrufen und deren Produktion fördern. Kaufreize bieten auch Marktchancen, man betrachte die rasante Entwicklung in der Biolebensmittelproduktion, nur dann ist es für die Wirtschaft interessant die Umwelt pfleglich zu behandeln.

Das Wirtschaftssystem ist nicht nur Ursprungsort ökologischer Gefährdungslagen, sondern auch Sammelplatz für Risiken. Jedes Risiko findet am Ende auch einen bezifferbaren Ausdruck, von Risikoversicherungen bis zu den Kosten für eingetretene Schäden. Diese Folgen kehren nicht als Schäden in die Ökonomie zurück, denn eine Anrechnung an das Verursachersystem findet nicht statt.

Bisher hatte das Wachstum als Lösung für die Zufriedenheit der Ansprüche in alle Teilsystemen die Vorherschafft. Die Grenze des Wachstums und die damit verbundenen Gefahren, werden ignoriert. Es wird eine Problemverschiebung in die Natur vorgenommen, um Unzufriedenheit zu vermeiden und die Nachfrage der Konsumenten zu befriedigen (vgl. Schimank 2000, 133-137). Am Beispiel in Chile betriebener Aquafarmen, wird diese Verschiebung deutlich. Die große Medikamentenzugabe im Futter und die Menge der Ausscheidungen in der Massenlachshaltung führt durch Virenausbreitung zur Zerstörung des natürlichen Fischbestandes und damit zu negativen Auswirkungen und zukünftigen Gefahren im Lebensraum Meer. Dies nimmt das Wirtschaftssystem in Kauf, um die weltweite Lachsnachfrage der Konsumenten zu stillen. Aber auch das Politik- und das Wissenschaftssystem setzen keinen Stopp, sondern gehen gemäß ihren Codes voran. Die Politik unterstützt Farmen, um durch steigenden Wohlstand eine Wiederwahl zu fördern und ihren Einfluss auszubauen.

2.2.3 Politik

Die Erwartungen an die Politik sind traditionell hoch. Sie ist als Leitung oder Zentrum in den Köpfen der Menschen verortet und somit auch die erste Adresse zur Lösung von ökologischen Problemen (vgl. Luhmann 1990, 187). Jedoch hat sich das System der Politik weiter ausdifferenziert und arbeitet nach eigenem Code. Dieses Teilsystem besitzt keine Ausnahmestellung, sondern ist den anderen Teilsystemen gleichwertig. Eine übergeordnete Vernunft zur Steuerung ist auch dort nicht verortet (vgl. Luhmann 1990, 222 +169). Im Gegenteil, nicht als Einheit, sondern als Differenz von Regierung und Opposition, präsentiert sich Politik und inkludiert damit das Risiko, dass ökologische Vernunft häufig nicht im Fokus steht. Eine Folge der Gleichwertigkeit der Teilsysteme ist eine, ohne Zentralorgan, gegliederte Gesellschaft. Sie ist ohne Spitze und ohne Zentrum. Es ist nicht möglich, eine funktional differenzierte Gesellschaft auf Politik zu zentrieren, ohne die Gesellschaft zu zerstören (vgl. Luhmann 1981, 22f.). Luhmann sieht keine Möglichkeit eines gezielten Eingreifens in andere Teilsysteme. Eine politische Gesellschaftsteuerung ist unnötig, oder sogar schädlich. „Fürs Überleben genügt Evolution"(Luhmann 1984, 645). Somit kann die Politik keine zentrale Bedeutung in Fragen der Umwelt erhalten und nicht, die ihr immer wieder zugedachte Retterfunktion, übernehmen.

Die Reaktion der Politik auf Umweltprobleme ist schwer, angesichts kurzer Wahlperioden, so dass sich keine notwendigen langfristigen Umweltprogramme durchsetzen lassen. Die Politik hat nach ihrem Code den Machterhalt im System festgeschrieben und ihn ihrem Handeln im Sinn. Vor 10 Jahren wurde der Atomausstieg mit großer Zustimmung festgeschrieben. Mit steigenden Energiepreisen hat sich die Zustimmung reduziert und die Festschreibung scheint zu bröckeln (Infratest, StZ 2008, 5). Das erneute Befürworten von Atomenergie ist wieder politisch salonfähig geworden.

Umweltrisiken werden in relativ kurzfristige politische Risiken übersetzt und oft nur symbolisch verarbeitet. Die Orientierung auf

Wahlchancen macht deutlich, dass es mehr auf Darstellung und Inszenierung, als auf einen sachgemäßen Umgang mit Problemen ankommt. Zeitlich ist die Resonanzfähigkeit des politischen Systems wesentlich dadurch begrenzt, dass es eine eigene Systemzeit mit eigenen Zeithorizonten und Perspektiven ausbildet. Während ökologische Schäden oft erst verzögert wirksam werden, rechnet Politik in Legislaturperioden. Diese Beschränkungen müsste das politische System reflektieren und abbauen, um Resonanz auf ökologische Probleme ausbilden zu können (vgl. Luhmann 1990, 112f, 180f). „Es muss daher zu den Ansprüchen an politische Rationalität gehören, die Rückwirkungen der Außenwirkungen von Politik mit einzukalkulieren" (Luhmann 1990, 226). Doch auch zuviel Resonanz in der Politik ist eine Gefahr, denn die überzogene Kommunikation in der Politik kann bis zur Funktionsunfähigkeit irritieren. Letztendlich kann, trotz großer Reden und Versprechungen, Politik nicht verbindlich sagen was ökologisch vernünftig ist und wie es durchzusetzen wäre. Daher empfiehlt Luhmann der Politik, sich auf gesellschaftliche Konfliktlagen zu konzentrieren und diese durch kollektiv bindende Entscheidungen zu regulieren, ohne dies mit Steuerungsanforderungen zu verbinden (vgl. Schimank 2000, 139).

2.5 Umgang mit ökologischen Risiken

Das vorherige Kapitel zeigt, dass kein Teilsystem die nötige Resonanzfähigkeit besitzt, um auf die Belange der Natur und somit auf die ökologischen Gefahren zu reagieren. Luhmann sieht, dass Umweltprobleme, die die Gesellschaft als Ganzes betreffen, nur in den Teilsystemen effektiv bearbeitet werden können. Doch die hierfür nötige Resonanzfähigkeit ist kaum vorhanden und eindeutig nicht zentral, etwa politisch, steuerbar (vgl. 1987, 803).

Die Wissenschaft erforscht schwer eingrenzbare ökologische Probleme, ohne den Verantwortlichen die Entscheidung abnehmen zu können. Die Frage ist, wer sind die Verantwortlichen?

Die Hoffnung auf politische Gesellschaftssteuerung durch soziale Bewegung, ist für Luhmann nicht wirklich vorhanden. Zwar gesteht er

8

der Ökologiebewegung zu, auf die ökologischen Probleme aufmerksam gemacht zu haben, doch fehlt ihnen die Theorie. Es findet keine Beschreibung der modernen Gesellschaft statt, deshalb bleibt es bei der Konzentration auf Postulaten und Angstkommunikation. Angst kann rechtlich nicht reguliert und wissenschaftlich nicht widerlegt werden. Sie ist damit von den Funktionssystemen nicht kontrollierbar(vgl. 1990, 234-48). Angstkommunikation ist somit nicht geeignet, um eine Lösung für ökologische Risiken auszumachen.

Obwohl die Lösungsmöglichkeit durch das Entwickeln der Fähigkeit technisch mögliche abzulehnen, von Luhmann wieder relativiert wird, bleibt es eine Möglichkeit in der Kombination mit der Entwicklung eines neuen Teilsystems. Eines Systems, das seine Handlung nach dem eigenen Code der Nachhaltigkeit/nicht Nachhaltigkeit steuert (vgl. 2000 Schimank, 141). Ansätze zur Ausdifferenzierung eines neuen Subsystems für die Wahrnehmung von Umweltinterdependenzen, in dem die Gesellschaft sich selbst abbildet, sind für Luhmann nicht erkennbar (vgl. 1987, 803).

„Die primäre Zielsetzung autopoietischer Systeme ist immer die Fortsetzung der Autopoiesis ohne Rücksicht auf Umwelt,(...). Die Evolution sorgt langfristig dafür, dass es zu ökologischen Gleichgewichten kommt. Aber das heißt nichts anderes, als dass Systeme eliminiert werden, die einem Trend der ökologischen Selbstgefährdung folgen"(Luhmann 1990, 38). Es genügt also doch Evolution.

Die Gesellschaft muss aus ökologischen Gründen Anspruchseinschränkung verlangen. „In dem Maße, als technische Eingriffe die Natur verändern und daraus Folgeprobleme für die Gesellschaft resultieren, wird man nicht weniger, sondern mehr Eingriffskompetenz entwickeln müssen, sie aber unter Kriterien praktizieren müssen ‚die die eigene Rückbetroffenheit einschließen"(Luhmann 1990, 39). Mehr als ein Appell wirkt die Forderung Luhmanns, dass Teilsysteme ihre Reflexionsfähigkeit auf ihre Umwelt und die Rückwirkungen auf sich selbst kontrollieren müssen. Leider gibt er keine Anhaltspunkte, wie dies geschehen sollte und was diese Reflexion in den Systemen aufrechterhalten könnte (vgl. Schimank 2007, 160f.). Luhmann hegt die Hoffnung, dass die ökologischen Probleme, die alten sozialpolitischen Themen verdrängen (vgl. 1990, 182) und durch vermehrte Kommunikation innerhalb der Systeme, sich Lösungsmöglichkeiten finden lassen.

3. Ökologische Risiken: Die Perspektive von Ulrich Beck

3.1 Die Zwangslage der zweiten Moderne

Becks Theorie folgt der These, dass in der fortgeschrittenen oder auch zweiten Moderne, die gesellschaftliche Produktion von Reichtum, nicht ohne die gesellschaftliche Produktion von Risiken, von statten geht. Er beschreibt dies, als einen Logikwechsel von der Reichtumsverteilung der Mangelgesellschaft, zur Risikoverteilung in der entwickelten Moderne. Die Risiken in der zweiten Moderne sind Zivilisationsrisiken und keine natürliche Gefahren. In der zweiten Moderne dominiert die Risikoproduktion und Risikoverteilung über die Reichtumsproduktion (vgl. Beck 1986 S.17).

In der ersten Moderne wurde das Verursacherprinzip definiert, d.h. der Verursacher ist für entstandene Schäden verantwortlich. In der zweiten Moderne ist diese Definition noch gültig, doch die Risiken und mögliche Schäden haben sich verändert. Es sind Risiken, die weitreichend wirken, oft nicht mit den Sinnen wahrnehmbar sind und irreversible Schäden verursachen können. Der Verursacher ist nicht mehr festzustellen und somit können Schäden ökonomisch nicht ausgeglichen werden. Das Verursacherprinzip verhindert das, wozu es eigentlich gemacht wurde: Die Verurteilung von Schädigern und damit die Verantwortung für individuelle Schuld. Dies hat paradoxe Auswirkungen in der Strafverfolgung: Je mehr Verursacher vorhanden sind, desto weniger kann einem Verursacher die Ursache zugerechnet werden. Die Folge, dass der Schaden nicht zugerechnet werden kann, ist dann ein Handeln als würde es keine Schädigung geben. Das bedeutet: Sind mehr Schädiger mit weitreichenden Folgen vorhanden, desto weniger wird der einzelne Schädiger für seine ökologische Schädigung zur Rechenschaft gezogen (vgl. Beck 1988

S.219). Die Kernfrage der zweiten Moderne, ist die Suche nach Lösungen für die entstehenden Herausforderungen durch Globalisierung, ökologische Belastung sowie die Erosion funktionierender politischer, sozialer und kultureller Systeme.

Ein grundsätzlicher Konflikt um die Risiken, bringt die Gesellschaft mit Ihren Teilsystemen in einen Dauerzwang, ihre Grundlagen, ohne Grundlagen, aushandeln zu müssen(vgl. Beck 2007 S.86). „Sie gerät in eine institutionelle Destabilisierung, in der alle Entscheidungen (…) in den Sog politischer Grundsatzkonflikte geraten können" (Beck 2007 S. 86).

3.2 Teilsysteme in der Gefahrengesellschaft

3.2.1 Wissenschaft zur Erklärung

Das Dilemma der Wissenschaft ist die Umkehrung des Wissenschaftsprinzips: Statt, zuerst der Test dann die Anwendung, erfolgt jetzt zuerst die Umsetzung dann die Forschung. Die Welt wird zum Großlabor, in dem die Experimentteilnehmer Mitspracherechte besitzen. Die Forschung wird vergesellschaftet und von wirtschaftlichem Handeln beeinflusst, das nicht auf Experimente verzichtet in die schon Milliarden geflossen sind. Nicht die Risiken und Fehler bestimmen die Fortführung wissenschaftlich-technischer Möglichkeiten, sondern die ökonomischen Handlungsansichten (vgl. Beck 1988 S.201 204). Dabei stehen die Gewinnmaximierung und nicht die ökologischen Folgen im Vordergrund.

Die Wissenschaft hat nicht mehr das Monopol auf Rationalität, denn sie wird beeinflusst von Wirtschaft und Politik. Diese verdeckte Fremdbestimmung steht bei Entscheidungen in direkter Konkurrenz zur sozialen bzw. ökologischen Rationalität (vgl. Beck 1986 S.39). Auch Wissenschaft selbst agiert, als nichttransparenter, subpolitischer Mitentscheider in anderen Teilsystemen (vgl. Beck 1986 S. 371). Wissenschaft ist für alle Entscheidungen auch in anderen Teilsystemen notwendig. Auch Wissenschaftsgegner brauchen wissenschaftliche Argumente gegen die Wissenschaft. Dadurch entsteht eine Abhängigkeit und Definitionsgefahr, denn Risiken können, je

11

nach Zweckdienlichkeit unterschiedlich dargestellt werden (vgl. Schimank/Volkmann 2000 S.28). Protestbewegungen finden zunehmend auch die Unterstützung von Wissenschaftlern und sie argumentieren selbst naturwissenschaftlich-technisch. Wissenschaftliche Rationalität ist Voraussetzung, um überhaupt Gehör zu finden (vgl. Beck 1988 S.99+184).

Wissenschaft produziert indirekt Risiken durch technische Erneuerungen, die in Wirtschaft umgesetzt und von Konsumenten gefordert werden. Wobei die Frage, inwieweit der Konsument etwas fordert, das die Wirtschaft noch nicht indoktriniert bzw. suggeriert hat, offen ist. Deutlich ist, Wissenschaft und Wirtschaft sind bei der Erzeugung von ökologischen Problemen an der Spitze zu finden.

Die Wissenschaft ist mittlerweile nicht mehr nur Erklärer. Sie ist indirekt beteiligt an der Produktion und der Lösung bzw. Vermeidung von ökologischen Risiken und Folgen durch technische Forschung. Zusätzlich ist sie Entscheider in einer subpolitischen und nicht transparenten Weise. Den Einfluss in andere Teilsysteme zu nutzen und in einem Lernprozess auch die Revidierbarkeit von Entscheidungen bei neuen Erkenntnissen über Folgewirkungen (vgl. Beck 1986 S.294) zu ermöglichen, ist die große Chance der Wissenschaft zukünftig an der Bearbeitung ökologischer Risiken mitzuwirken.

3.2.2 Politik zur Entscheidung

Die Politik trifft traditionell Entscheidungen für Handlungen zur Problembearbeitung und mit Gesetzen im Rechtsystem. Die in der Vergangenheit vorhandene Sonderstellung, erzeugt eine bis heute anhaltende Lösungserwartung, die die Politik nicht mehr erfüllen kann. Politik ist nicht das Steuerzentrum, auch wenn es dafür gehalten wird und den Anspruch scheinbar an sich selbst besitzt (vgl. Beck 1986 S. 368). Politik und Behörden bleiben aber zuständig für die Nebenfolgen, die sie nicht entschieden haben und müssen diese nachträglich legitimieren und abfedern. (vgl. Beck 1986 S.344). Auch der Einfluss der Wissenschaft ist nicht zu vernachlässigen, denn die

Selektion der Entscheidungen, können ohne Informationen nicht getroffen werden.

Beck fordert ein neues Verständnis, dass Politik nicht der zentrale Ort ist, an dem über die Gestaltung der gesellschaftlichen Zukunft entschieden wird, denn „Alle Zentralisationsvorstellungen von Politik stehen in einem umgekehrt proportionalen Verhältnis zum Grad der Demokratisierung einer Gesellschaft"(1986 S.371). Es ist Transparenz notwendig, um die subpolitische Mitbestimmung und damit die Wirkung der Wirtschaft, offen zu legen. Aufgrund der Mitbestimmung von Wirtschaft und Forschung, durch Investition und Forschungsfreiheit, sollen sie sich den parlamentarischen Institutionen verantworten und zwar bevor Investitionsentscheidungen getroffen wurden (vgl. Beck 1986 S. 365f+371).

Die ökologische Erweiterung der Demokratie beinhaltet die Durchsetzung der Gewaltenteilung und die Herstellung der Öffentlichkeit. Es werden Gegenexperten und interdisziplinäre Vielfalt benötigt, um alle große zivilisatorische Entwicklungslinien und Gefahren verantwortlich prüfen zu können (vgl. Beck 2007 S.91f).

3.2.3 Wirtschaft zur Vollstreckung

Wirtschaft produziert durch Umsetzung wissenschaftlich-technischer Neuerungen Risiken. Durch diese Umsetzung ist eine verdeckte Verbindung und indirekte Beeinflussung der Wissenschaft vorhanden. Ökologische Risiken werden, wenn sie lukrativ sind, vom Wirtschaftssystem bearbeitet. Es werden Marktchancen ausgelotet und nach Gewinnerwartung bewertet. Dies führt zu ökologischem Handeln, oder auch zum Gegenteil. Wirtschaft entscheidet, was forschungstechnisch genutzt wird und vollstreckt die produktive Umsetzung. Es gilt, was ökologisch rentabel ist und nicht was ökonomisch angebracht wäre.

Die Risiken sind nicht für alle gleich. In der Wirtschaft gibt es Risikoverlierer und Risikogewinner. Neue Märkte der ökologischen Energiegewinnung, Lebensmittelproduktion oder Risikoversicherungen sind die Chancen der Risikogewinner. Gleichzeitig sterben ganze Wirtschaftszweige in der Agrarproduktion und Fischerei. Bis hin zu antikapitalistischen Auswirkung der ökologischen Besitzenteignung als Folge ökologischer Nebenfolgen – vergiftetes Land wird wertlos (vgl. Beck 1986 S. 50).

Ökologische Risiken können mit Preisen versehen werden, um damit zumindest die Garantie zur Bearbeitung im Teilsystem der Wirtschaft zu haben. Doch so lange es lukrativ ist, Öl aus dem Boden zu holen, so lange schaffen es die Märkte nicht, zu reagieren. Das kurzfristige Denken der Märkte und die nicht Zurechnung von Nebenfolgen an die Wirtschaft, unterstützt das System der Unverantwortlichkeit.

3.3 (Un-)Verantwortlichkeiten

Das Verursacherprinzip, die Rechtsgrundlage der Gefahrenabwehr, diente dazu, Verursacher zur Verantwortung zu ziehen. Die strikte Anwendung des Verursacherprinzips verhindert aber in der zweiten Moderne die Verurteilung der Verursacher und erreicht, dass Alltäterschaft in einen Freispruch verwandelt wird (vgl. Beck 1988 S.11+219). Der Konstruktionsplan dieses Labyrinths besteht nicht aus Unzuständigkeit oder Verantwortungslosigkeit, dann wäre eine negative aber zumindest eindeutige Ausrichtung vorhanden und erkennbar, sondern die komplexitätssteigernde Gleichzeitigkeit von Zurechnungsfähigkeit und Unzurechenbarkeit schafft die organisierte Unverantwortlichkeit (vgl. Beck 1988 S.100). Dieses System erreicht, dass die Kontrolleure der Gefahrenproduktion zu Handlangern der Gefahrenproduzenten werden. Doch ist bei Großgefahren eine Berechnung der Risikowahrscheinlichkeit sinnlos, wenn die minimal eintretende Wahrscheinlichkeit, die Vernichtung allen Lebens bedeutet. (vgl. Beck 1988 S. 258+134) Die Logik die daraus erwächst, ist die institutionelle Verdrängung: Eine allbedrohende Gefahr ohne Möglichkeit zur Flucht ergo Leben wir damit! Die Gefahr hört auf, im Bewusstsein zu existieren. Dies wäre eine Erklärung für die erneute Debatte um den Ausstieg aus dem Atomausstieg.

Mit Blick auf ökologische Risiken, wirken politische, wirtschaftliche und wissenschaftliche Kräfte in „organisierter Unverantwortlichkeit" zusammen. „Die drei Säulen der Sicherheit erodieren- der Staat, die Wissenschaft, die Wirtschaft versagen bei der Erzeugung von Sicherheit - und ernennen den selbstbewussten Bürger zu ihrem rechtmäßigen Erben" (Beck 2007 S.93). Dieser politisierte Erbe kann eine Beweislastumkehr für Geschädigte und die Herstellung von Zurechenbarkeit an Schädiger erreichen (vgl. Beck 1988 S.279).

3.4 Umgang mit ökologischen Risiken

Beck setzt auf die Eigenverantwortlichkeit der Akteure. Sie sind in verschiedenen Teilsystemen tätig und können so die autopoietische Bewegung der Risiken innerhalb der Teilsysteme unterbrechen (vgl. 1986 S.216f.). Individualisierung folgt der Eigenverantwortlichkeit für die Lebenslage, aber auch der notwendigen Kompetenzentwicklung, diese Anforderungen zu meistern. Er sieht darin die Chance des Individuums, risikobewusstmachend und politisch aktiv zu handeln.

In der Forschung muss bereits im Vorfeld von Vorhaben, alternativ und kontrovers über Risiken diskutiert werden. In einer zu schaffenden, zwischenfachlichen Teilöffentlichkeit, könnte der Bezug zwischen Wissenschaft und Wirtschaft zur Politik, als Subpolitik transparent werden. Ein verändertes Kritikverständnis (Expertenkritik, Forschungskritik, Technikkritik) eröffnet neue Verarbeitungsmöglichkeiten von Fehlern und Arbeitsteilungs-strukturen im Verhältnis von Wissenschaft, zu Öffentlichkeit und Praxis. Ein verändertes Politikverständnis der Akteure und die Übernahme wissenschaftlicher und politischer Verantwortlichkeit, können diesen Wandel initiieren (vgl. Beck 1986 S. 262+373).

Beck fordert ein komplett anderes Spielregelsystem: Die Beweislastumkehr in Richtung des Verursachers und andere Prinzipien der wissenschaftlichen und rechtlichen Be- und Verurteilung von Gefahren. Diese Eingriffe in die verschiedensten Bereiche des Gesellschaftssystems, machen die Zurechenbarkeit möglich und sollen schon Festgeschriebenes zur Geltung bringen: Verantwortung, Mitbestimmung, Demokratie (vgl. 1988 S.275). „Industrielle Aktivitäten sind nur dann erlaubt, wenn sie in Harmonie mit der Erhaltung der lebendigen Umwelt für die Bevölkerung stattfindet" (Beck 1988 S.226).

4. Zusammenfassung

4.1 Theoriegemeinsamkeiten

Beck und Luhmann sind sich einig, dass die Teilsysteme, der größer werdenden ökologischen Frage, nicht gerecht werden können. Politik, Wirtschaft und Wissenschaft wirken in organisierter Unverantwortlichkeit zusammen und sind strukturell blind für die ökologischen Belange. Die eigenen Handlungslogiken sorgen dafür, dass diese Blindheiten auch nicht wechselseitig korrigiert werden. Luhmann erweitert dies auf alle andere gesellschaftliche Teilsysteme. Einigkeit herrscht auch darüber das kein Steuerungszentrum vorhanden ist (vgl. Beck 1986 368;1988 S.168f; Luhmann 1987 S.803).

Gemeinsamkeit ist auch die Forderung, die hemmende Zeitbeschränkung bzw. die unterschiedlichen Zeithorizonte abzubauen, damit daraus die Möglichkeit erwachsen kann, langfristig zu denken, zu planen und zu handeln. Anstehende Entscheidungen müssen sich an einer reflektierten Wirkung und Rückwirkung auf die Systeme orientieren und sind nur ohne Angstrhetorik wirksam.

Beck fordert ein neues Spielregelsystem, Luhmann ein neues Teilsystem, doch beinhalten beide Aussagen die Einbeziehung der Nachhaltigkeit in den zu schaffenden Systemen (vgl. Beck1988 S.275; Schimank 2007 S.141)

4.2 Theorieunterschiede

Beck ist zwar mit Luhmann einig was die Unfähigkeit der Teilsysteme angeht, sieht aber in der individuellen Akteurshandlung und deren politisiertem Handeln, die Möglichkeit einer positiven Weiterentwicklung der Risikogesellschaft (vgl. Schimank/Volkmann 2000 S.39). Die Fähigkeiten der Akteure, die Teilsysteme zu durchbrechen, übergreifend zu agieren und somit in der Ausbildung politischer Subsysteme zu münden, ist ein denkbarer Lösungsansatz.

Die Konkretisierung der genannten Lösungsansätze ist bei Luhmann nicht erkennbar. Er wirkt in seinen Gesamtaussagen eher skeptisch und hält die gezielte Beeinflussung der Teilsysteme für unmöglich. Nur das Vertrauen auf Evolution und Ihrer gleichgewichtsschaffenden Wirkung ist für ihn vorhanden. Er bleibt bei appellhaften Aussagen, ohne die Fragen, wie Möglichkeiten installiert bzw. institutionalisiert werden können, zu beantworten.

„Der langfristig überzeugendste Gegner der Atomindustrie ist - die Atomindustrie selbst"(Beck 1988 S.19). Gilt dies auch für die Ölindustrie und die Chemieindustrie? Dann wäre Beck nicht weit entfernt von Luhmanns „Evolution als Gleichgewichtserhalter".

4.3 Fazit

Die Systemtheorie beschreibt eine abstrakte Gesellschaft ohne aber wirkliche Lösungen anzubieten. Einfach darauf zu hoffen, dass Evolution das Gleichgewicht durch Eliminierung von unangepassten Systemen aufrechterhält ist m. E. zuwenig, wenn doch die Grenze des ständigen Wirtschaftswachstums schon offensichtlich an eine Grenze stößt. Auch die Frage, ob eine Gesellschaftstheorie tatsächlich Akteure ausklammern und als rein mechanisches Modell existieren kann, ist noch nicht beantwortet.

Das Entstehen eines neuen Teilsystems, mit der Ausrichtung auf Nachhaltigkeit und einer Veränderung der Rechtsgrundlagen zur Beweislastumkehr, könnte ein Weg in die richtige Richtung sein. Die Kombination aus der Systemtheorie, die geradlinig und durchdacht eine komplexe Gesellschaft beschreibt und Becks Sicht der individuellen Integration von Akteuren, die Teilsysteme beeinflussen, enthält die denkbarste Chance, das Problem der ökologischen Risiken bearbeiten zu können.

In Teilen der Gesellschaft bzw. in den einzelnen Teilsystemen sind neuen Denkansätze vorhanden, die die Anspruchsabweisung zwar als Verzicht und Einschränkung (Individualverkehr oder in Lebensmittelverfügbarkeit) erfassen, aber dennoch die Notwendigkeit zur Überwindung von ökologischen Risiken und das Akzeptieren von ökologischer Wachstumsgrenzen als vorrangig einstufen. Die Grundsatzfrage lautet: Was definiert Gesellschaft und somit die einzelnen Teilsysteme als Lebenswert - wirtschaftliche Quantität oder Lebensqualität - und wie werden diese Begriffe gesellschaftsweit und systemüberspannend definiert?

5. Literatur

BECK, Ulrich (2007): Weltrisikogesellschaft, Frankfurt a. M.

BECK, Ulrich (1988): Gegengifte. Die organisierte Unverantwortlichkeit, Frankfurt a.M.

BECK, Ulrich (1986): Risikogesellschaft, Frankfurt a. M.

HAECKEL, E.(1868): Natürliche Schöpfungsgeschichte. Berlin

LUHMANN, Niklas (1997): Die Gesellschaft der Gesellschaft, Frankfurt/M.

LUHMANN, Niklas (1990): Ökologische Kommunikation. Kann moderne Gesellschaft sich auf ökologische Gefährdung einstellen?, Opladen

LUHMANN, Niklas (1984): Soziale Systeme. Grundriß einer allgemeinen Theorie. Frankfurt a. M.

LUHMANN, Niklas (1981): Politische Theorie im Wohlfahrtsstaat, München

SCHIMANK, Uwe (2007): Theorien gesellschaftlicher Differenzierung, Hagen

SCHIMANK, Uwe / VOLKMANN, Ute(Hrsg.)(2000): Soziologische Gegenwartsdiagnosen I, Eine Bestandsaufnahme; Opladen

ARD (17.06.08): SOS Erde: Wer rettet die Welt? Interview mit Ernst Ulrich von Weizsäcker

S3 BW (11.06.08): Auslandsreporter: Chile.

INFRATEST: Tabelle Stuttgarter Zeitung Nr. 172 vom 25.07.08